RAPPORT

adressé à M. E. COTELLE

Conseiller d'Etat

Président de la Commission des Concessions Coloniales

FÉVRIER 1900

MARSEILLE

IMPRIMERIE MARSEILLAISE

Rue Sainte, 39

1900

RAPPORT

adressé à M. E. COTELLE

Conseiller d'Etat

Président de la Commission des Concessions Coloniales

FÉVRIER 1900

MARSEILLE

IMPRIMERIE MARSEILLAISE

Rue Sainte, 39

1900

RAPPORT

MARSEILLE, *le 20 février 1900.*

MONSIEUR E. COTELLE,
Conseiller dEtat,
Président de la Commission des Concessions Coloniales,
Paris.

MONSIEUR LE PRÉSIDENT,

**Concessions
dans l'Afrique Occidentale.**

Nous avons bien reçu la lettre circulaire que vous avez bien voulu nous faire adresser à la date du 3 février et, faisant suite à l'entretien que nous avons eu l'honneur d'avoir avec vous le 9 courant, nous venons ci-après vous exposer les raisons qui ont motivé nos protestations contre l'introduction en Afrique Occidentale du régime des concessions récemment inauguré dans notre colonie du Congo.

Ces protestations sont basées principalement sur les considérations suivantes :

1° Si ces concessions comportent des privilèges commerciaux, elles atteindront profondément et très injustement les intérêts des maisons de commerce actuellement établies dans ces colonies et qui y ont créé, à grands frais, d'importants établissements ;

**Objections
au régime des
concessions.**

2° Elles créeront une vive opposition de la part des indigènes, qui seront lésés à la fois dans leurs droits de propriété et dans leurs intérêts commerciaux. L'on peut s'attendre de ce chef à des troubles qui peuvent devenir très graves ;

3° Elles compromettront gravement les finances des colonies intéressées et arrêteront brusquement leur prospérité économique actuellement en plein progrès ;

4° Ce système de concessions, destiné à servir les intérêts de quelques rares privilégiés, aura pour effet certain de décourager l'esprit d'entreprise et d'initiative qui ne peut s'exercer utilement que sous le régime de la liberté et de la concurrence ;

5° Si, par contre, ces concessions ne comportent pas de monopoles commerciaux et respectent, comme nous avons le droit de l'espérer, les droits des indigènes et les droits des tiers, nous avons la conviction qu'elles ne donneront que des résultats négatifs et que, loin de disposer l'opinion publique en faveur des affaires coloniales, elles la pousseront à s'en désintéresser de plus en plus.

Situation comparée du Congo français et des Colonies de l'Afrique occidentale.

Avant de développer les considérations qui précèdent, nous croyons tout d'abord devoir réfuter une objection qui pourra nous être faite : c'est que lors de l'application du régime des concessions au Congo aucune protestation ne s'est fait entendre et que ce système paraît ainsi avoir eu l'adhésion unanime des coloniaux.

Nous devons sur ce point répondre que la situation de nos colonies de l'Afrique Occidentale est tout à fait différente de celle qui existait naguère au Congo.

Notre colonie du Congo était, il y a peu de temps encore, à peine connue, à peine explorée ; le commerce y était pour ainsi dire nul ; en outre, les populations y sont clairsemées et, à ce qu'il paraît, dans un état social voisin de la barbarie. Cet état de choses attristant contrastait d'une façon pénible avec l'activité qui régnait dans le Congo belge, et il a paru bon d'appliquer à notre Congo les mêmes méthodes que celles qui se trouvent en vigueur dans la colonie voisine.

Dans ces conditions, et aucun intérêt existant ne se trouvant compromis, il ne pouvait pas y avoir d'opposition sérieuse à l'essai du régime des concessions au Congo français ; tout au plus, aurait-on pu désirer que cet essai fût fait avec plus de mesure et que, à côté de la colonisation par voie privilégiée, l'on eût réservé une zone plus large à la colonisation libre.

Alors même que la situation en Afrique Occidentale serait sensiblement similaire à celle du Congo français, il y aurait sans doute lieu d'attendre les résultats de la tentative faite dans cette dernière colonie avant de persévérer dans la voie des grandes concessions territoriales.

Mais tel n'est pas le cas, et nos colonies de l'Afrique Occidentale offrent, fort heureusement, un tout autre spectacle que le Congo français.

Si, tout d'abord, nous portons notre examen sur le mouvement commercial, nous constatons qu'en Afrique Occidentale le nombre des commerçants européens est considérable, et que les capitaux qui s'y trouvent engagés représentent une centaine de millions de francs.

Nous vous remettons ci-inclus un relevé des principales maisons de commerce établies dans ces colonies. Ce tableau ne fait mention que de celles qui ont leur siège social en France ; mais il convient de faire observer qu'il existe en outre dans ces colonies un grand nombre de maisons de moindre importance, n'ayant pas de siège en Europe, mais se livrant elles aussi à un commerce très actif.

Tandis que le commerce du Congo était absolument nul, celui des colonies dont nous parlons s'est élevé, en 1898, à 62 millions pour le Sénégal, à 17 millions pour la Guinée française, à 11 millions 500.000 francs pour la Côte d'Ivoire, à 18 millions pour le Dahomey, soit au total 108 millions (non compris l'ex-colonie du Soudan, qui, faute de documents précis, ne figure pas dans les chiffres qui précèdent).

Les statistiques de 1899 montreront certainement une progression sensible dans le mouvement commercial de ces colonies.

Quant aux indigènes, il n'y a aucune comparaison à établir entre les rares et misérables populations du Congo français et la plupart de nos races de l'Afrique Occidentale qui, à l'exception de quelques peuplades fétichistes voisines de la Côte, se composent principalement de musulmans, c'est-à-dire d'individus arrivés à un certain degré de civilisation et qui sont parfaitement à même de comprendre leurs droits et, si nécessaire, de les défendre.

Il convient de signaler à ce propos que c'est parmi ces tribus indigènes que la France a recruté ces soldats intrépides connus sous le nom de tirailleurs sénégalais ou soudanais, grâce auxquels, en grande partie, elle a pu faire la conquête de la boucle du Niger, du Congo, du Dahomey et même de Madagascar. Nous verrons plus loin quel est le traitement que le régime des concessions, s'il venait à être adopté, réserve aux populations qui nous ont fourni cette pépinière de vaillants et dévoués soldats.

Nos colonies de l'Afrique Occidentale offrent encore avec le Congo français cette différence capitale que leurs finances sont prospères, et qu'elles sont parvenues à couvrir tous leurs frais d'administration et à entreprendre d'importants travaux publics sans demander le concours de la Métropole, tandis qu'au Congo, depuis de très longues années, c'est la Métropole qui est obligée de verser d'importants subsides pour faire vivre la colonie.

Nous reconnaissons très volontiers qu'une partie de ces subsides a été consacrée à des explorations méthodiques et fructueuses, et loin de nous la pensée de critiquer ces dépenses.

Il résulte néanmoins du rapide exposé qui précède qu'il existe un abîme entre la situation du Congo français et celle de nos colonies de l'Afrique Occidentale, et qu'il n'y a, à première vue, aucune raison pour appliquer à celles-ci le régime qui a pu paraître nécessaire dans celle-là.

Griefs des commerçants établis à la Côte.

Si maintenant nous reprenons l'examen de chacun des motifs sur lesquels se basent nos protestations, nous devons en premier lieu examiner quelles seraient les conséquences de ce régime des concessions en Afrique Occidentale en ce qui concerne les commerçants établis dans cette colonie et en admettant que, soit ouvertement, soit d'une manière indirecte, les concessionnaires obtiennent un véritable monopole commercial.

Dans ce cas, nous n'hésitons pas à dire que ces négociants seraient lésés dans leurs plus légitimes intérêts, et cela de la manière la plus injustifiable.

Leurs intérêts seraient lésés parce que, contrairement à l'opinion qui prévaut généralement parmi les personnes qui n'ont qu'une connaissance superficielle des affaires d'Afrique, la plus grande partie des transactions commerciales des maisons de la côte ont pour point de départ les régions de l'Intérieur, notamment celles qui étaient comprises dans notre colonie du Soudan. C'est tout particulièrement le cas de la Guinée française et de la Côte d'Ivoire.

Dans ces colonies, le principal article d'échanges n'est autre que le caoutchouc, et ce produit d'une très grande valeur est apporté de fort loin aux établissements de la côte et provient en majeure partie des territoires mêmes sur lesquels les demandeurs en concessions ont jeté les yeux.

Car, il faut bien le dire en passant, c'est uniquement le commerce du caoutchouc que ces concessionnaires ont en vue, leur but certain, sinon avoué, étant de se substituer aux indigènes dans l'exploitation directe de ce produit et dans le profit à en retirer.

Eh bien, ce caoutchouc, dans le cas de la Guinée française par exemple, entre dans le mouvement commercial d'exportation de 1898 pour 1.200.000 kil. environ, soit pour une somme de 6 millions de francs sur un total de 8 millions !

Si ces 6 millions d'affaires sont enlevés aux maisons de Conakry, qui sont actuellement au nombre d'une vingtaine, s'il ne leur reste à se partager que les 2 millions de francs formant le solde du commerce d'exportation, il n'est pas difficile de prévoir quel sera leur sort. Faute d'aliment, elles sont destinées à disparaître promptement dans des conditions désastreuses, sauf à avoir recours au Gouvernement qui les aura ainsi dépouillées, et à demander des indemnités qui, nous en avons la conviction, seront considérées comme légitimement dues.

Mais y a-t-il intérêt à ruiner ainsi des maisons anciennes et honorables au profit des demandeurs de concessions qui se pressent à la porte de la Commission des concessions?

Sans vouloir établir de parallèle entre les uns et les autres, nous pouvons dire que, s'il pouvait être concédé un traitement de faveur, il devrait l'être aux maisons qui, depuis de longues années, ont lutté dans des circonstances souvent très pénibles, et ont contribué dans une mesure que l'on n'apprécie pas assez à fonder et à consolider notre influence politique et économique en Afrique.

Mais ces maisons ne demandent rien, elles n'ont jamais rien demandé que le droit de vivre sous le régime du droit commun, de la libre concurrence ; ce droit ne peut pas leur être enlevé bien qu'il leur soit contesté, paraît-il, par ces nouveaux venus, les demandeurs en concessions, qui n'hésitent pas à invoquer en faveur de leur thèse hardie les arguments les plus étranges.

Ils prétendent que les maisons de commerce ne sont pas intéressantes, qu'elles exercent un monopole de fait jalousement maintenu, qu'elles n'ont jamais rien fait pour favoriser la pénétration dans l'Intérieur, et, enfin, qu'indifférentes à l'avenir de leur colonie, au bien-être des indigènes, elles ne pensent qu'à jouir hâtivement des ressources temporaires qu'offre l'exploitation intensive de certains produits du sol.

Il est facile de réduire à néant ces arguments faux et mesquins qui ne peuvent pas un seul instant être pris au sérieux par ceux qui connaissent tant soit peu les affaires d'Afrique.

Peut-on sérieusement parler de monopole commercial, alors que le nombre des concurrents est aussi considérable, alors que le commerce est absolument libre et ouvert à tous, grands et petits ? Disons à ce propos qu'il est faux de prétendre qu'il n'existe dans nos colonies que quelques rares grandes maisons exerçant un monopole de fait. Il n'en est rien ; le commerce y est très divisé et, à côté des maisons qui traitent directement avec l'Europe, il en est un grand nombre qui leur servent d'intermédiaires et qui, dans leur sphère d'action plus modeste, réalisent, proportionnellement aux capitaux engagés, de plus grands bénéfices.

Le nombre des concurrents augmente d'ailleurs d'année en année, au fur et à mesure que progresse le mouvement commercial, et les Gouverneurs de nos colonies sont toujours disposés à favoriser l'installation de nouvelles maisons, ce que nous ne songeons nullement à leur reprocher.

Ce premier grief est donc purement imaginaire, et nous ne pouvons nous empêcher de le trouver singulièrement déplacé de la part des demandeurs en concessions qui, eux, ne recherchent pas autre chose que des privilèges plus ou moins déguisés.

On reproche encore aux négociants africains de n'avoir rien fait pour pénétrer dans l'Intérieur. Cette assertion, comme la précédente, est inexacte. Des tentatives dans ce sens ont été faites à plusieurs reprises ; elle se continuent encore aujourd'hui. C'est ainsi qu'au moment où nous écrivons ces lignes, nous savons qu'il existe des maisons de commerce établies sur les bords du Niger, à Kouroussa, à Siguiri, sur d'autres points encore. D'autres installations de ce genre sont en projet. Nous devons reconnaître que jusqu'à présent ces tentatives n'ont pas donné en général de très bons résultats. Est-ce la faute des négociants intéressés ? Il est facile de démontrer que non et, dans ce but, il suffit d'appeler l'attention sur ce fait bien connu, quoique insuffisamment apprécié, c'est qu'en Afrique les relations directes immédiates avec les pays de l'Intérieur ont été jusqu'ici des plus difficiles à établir, d'une part, à cause des dangers constants auxquels étaient exposés la vie et les biens de ceux qui tentaient d'y pénétrer, d'autre part, à cause de la difficulté et, dans certains cas, de l'impossibilité matérielle des transports à longues distances.

La première de ces causes est à la veille de disparaître : la sécurité dans l'Intérieur peut être considérée comme suffisamment assurée depuis que la période des conquêtes est terminée, depuis que les grands chefs rebelles, notamment Samory, ont été réduits à l'impuissance et qu'une ère de calme et de pacifique administration a succédé à l'état de guerre, à la conquête à main armée.

Mais, nous le répétons, il s'agit là d'un phénomène tout à fait récent, et il n'est vraiment pas possible en bonne justice de reprocher aux maisons de la Côte de n'avoir pas pu pénétrer dans l'Intérieur pendant la période troublée et dangereuse qui vient à peine de prendre fin.

Bien que la situation de ce côté se soit favorablement modifiée depuis peu, nous craignons que, pendant quelque temps encore, les maisons européennes n'éprouvent de grandes difficultés à donner suite à cette idée de pénétration directe par leurs propres moyens, par la simple raison que, partout où des transports sont possibles, ils sont effectués dès à présent dans les meilleures conditions de bon marché et de rapidité par les soins des caravaniers indigènes.

Nous ne serions nullement étonnés si ceux qui critiquent si légèrement les maisons de la Côte ignoraient absolument l'existence de ce trafic de caravanes entre nos colonies du littoral et leur hinterland, trafic si actif et si intéressant qui se traduit par des milliers de tonnes transportées, tant à la montée qu'à la descente, et qui occupe des milliers de porteurs.

Ces caravanes n'hésitent pas à faire des trajets fort longs. Il en vient à Conakry des régions situées bien au delà du Niger, de même qu'à Grand Bassam et à Assinie arrivent des caravanes venant du pays de Kong et d'au delà.

Il n'existe aucune bonne raison de croire que les transports effectués sous la direction, aux frais et aux risques des maisons européennes, reviendront meilleur marché et donneront de meilleurs résultats.

Le contraire est excessivement probable, et nous avons la conviction que les choses resteront en l'état aussi longtemps qu'il n'aura pas été créé des moyens de transport plus efficaces, plus rationnels et plus économiques. Ces moyens de transport perfectionnés on les connaît : ils consistent uniquement dans la création de chemins de fer de pénétration.

Les négociants de la côte ont été les premiers à réclamer la mise à l'étude de ces chemins de fer ; ils n'ont pas cessé de faire, à cet effet, des démarches auprès des pouvoirs publics, ils n'ont pas hésité à s'imposer des sacrifices pour en faciliter l'exécution, et c'est grâce à leurs efforts combinés avec ceux des Administrations coloniales que la question a pu faire dans ces tout derniers temps un pas en avant décisif. En ce moment, en effet, le chemin de fer de Conakry au Niger peut être considéré comme entré dans la période d'exécution, et ceux de la Côte d'Ivoire et du Dahomey sont à l'étude. Quant à celui du Sénégal au moyen Niger, il es en pleine période de construction, et l'on estime qu'il sera achevé dans un délai de quelques années.

Nous affirmons que c'est uniquement à l'aide de ces voies de pénétration que le système primitif des caravanes indigènes pourra être avantageusement remplacé, et que le commerce pourra se développer d'une façon normale et satisfaisante.

Nous avons la conviction qu'en même temps que le rail, les commerçants s'avanceront vers l'Intérieur, et que, quelles que soient les richesses qui seront mises à jour, le commerce libre sera en mesure de les exploiter sans qu'il soit nécessaire de lui accorder les moindres faveurs spéciales. Il suffit pour être fixé à cet égard de voir ce qui s'est passé sur la ligne de Dakar à Saint Louis. Dans chaque station de cette ligne, se sont installés de nombreux commerçants européens et indigènes ; il en sera de même le long des nouvelles voies ferrées qui seront construites en Afrique.

Mais, en attendant que ces utiles projets soient réalisés, le système actuel de transports restera certainement en vigueur, si insuffisant qu'il soit, et, en conclusion, nous prétendons que le second reproche des demandeurs de concessions est aussi peu justifié que le premier. Nous ajoutons qu'eux-mêmes ne pourraient pas procéder autrement, qu'ils ne disposeraient pas d'autres moyens de transport, qu'ils n'en créeraient pas d'autres, et que, comme nous, ils devraient se contenter de ceux qui existent actuellement.

Quant au troisième grief, celui d'exploiter au jour le jour les richesses accessibles sans préoccupation du lendemain, nous le déclarons aussi mal fondé que les autres.

On ne peut pas accuser de s'intéresser d'une façon éphémère aux affaires d'Afrique des négociants qui, sur cette terre d'Afrique, ont immobilisé définitivement, sous forme de constructions et d'installations à demeure, des sommes considérables, des millions et des millions. La création du moindre comptoir à la Côte d'Afrique comporte, en effet, des dépenses énormes et qui ne seraient pas justifiées si ceux qui les ont consenties n'avaient pas la perspective d'un commerce stable et de longue haleine. Personne, plus que ces commerçants, ne peut désirer qu'un commerce régulier s'établisse avec les indigènes du littoral et de l'intérieur ; personne n'a plus d'intérêt qu'eux à voir s'étendre les cultures, se conserver et se développer les ressources naturelles du pays, et il est bien certain que chacun d'eux, dans la mesure de ses moyens et de ses capacités, concourt de son mieux à ces fins.

Il faut malheureusement reconnaître que les indigènes sont difficiles à conduire et à conseiller, même quand leurs intérêts primordiaux sont en jeu. Trop souvent les exhortations et les sacrifices même des commerçants s'exercent en vain ; non seulement leurs sacrifices, mais encore leur exemple, car nombreuses ont été les tentatives de cultures faites par les Européens, cultures dont la plupart n'ont donné que de médiocres résultats.

Ces échecs ne sont pas imputables aux commerçants ; ils proviennent pour la plus grande partie de la difficulté de recruter la main-d'œuvre nécessaire. L'examen de cette question très complexe nous mènerait trop loin, et nous nous bornons ici à en signaler l'importance.

Si le reproche adressé aux commerçants de la côte d'assister avec indifférence à la destruction de certaines richesses naturelles est aussi inexact qu'illogique, le fait en lui-même, l'exploitation irréfléchie de ces richesses, s'est assez souvent produit de la part des indigènes, nous le reconnaissons.

Dans bien des cas, en effet, l'indigène se montre peu soucieux de l'avenir, et tue inconsciemment la poule aux œufs d'or. Mais cet état de choses n'a pas manqué d'attirer l'attention des commerçants, des administrations locales, des chefs indigènes eux-mêmes. Nous savons que, tout particulièrement en Guinée française, le Gouverneur et les Administrateurs de districts ont donné des ordres sévères et des instructions précises aux chefs indigènes pour qu'ils fassent procéder à la récolte du caoutchouc dans des conditions permettant de conserver les arbres et les lianes qui le produisent.

Ces instructions seront certainement respectées dans la plupart des cas, car aucune considération n'aura plus d'influence auprès des noirs que cette intervention directe et que les ordres émanant du Gouvernement ou de ses représentants. Nous affirmons qu'en ce qui concerne cette question spéciale et de si grande importance, les demandeurs en concessions seront comme nous impuissants, s'ils n'ont pas l'appui efficace de l'Administration. Leur concours à ce point de vue particulier n'offre donc aucun intérêt, aucune garantie ; mais peut-on véritablement attendre d'eux pareil concours ? nous en doutons et nous craignons que la préoccupation de donner promptement des dividendes aux actionnaires ne l'emporte de beaucoup sur le souci de n'exploiter qu'avec modération les richesses qui seraient mises à leur portée.

Nous croyons avoir fait justice des reproches immérités qui sont faits aux commerçants de la Côte, et nous sommes en droit de nous demander en quoi peut consister l'intérêt général qui ruinerait un certain nombre de commerçants établis pour favoriser quelques personnalités qui, dans ces affaires de concessions, ne recherchent qu'un gain facile sous l'abri d'un privilège d'Etat.

Il nous semble que nous pouvons hardiment affirmer que cet intérêt général n'existe pas, et que l'équité et le bon sens demandent le maintien de la situation, telle qu'elle existe actuellement, tout en laissant le champ libre à toutes les initiatives et à tous les capitaux que tenteront les affaires africaines.

Commerçants étrangers. Nous croyons devoir ajouter qu'à côté des maisons françaises dont les intérêts sont en jeu, il existe aussi de nombreuses maisons étrangères, principalement anglaises, allemandes et belges, qui se sont installées dans nos colonies en vertu de conventions leur assurant l'égalité de traitement avec les nationaux.

Il est probable que, le cas échéant, leurs revendications ne seraient pas moins vives que celles des négociants français, et il n'est pas téméraire de présumer que ces revendications donneraient lieu à des conflits et à des représailles qui pourraient prendre un caractère désagréable.

Nous n'insistons pas sur ce point délicat, mais nous pensons qu'il mérite d'attirer tout particulièrement l'attention de notre Ministre des Colonies et de notre Ministre des Affaires Etrangères.

Droits des indigènes.

Si les intérêts des commerçants établis à la côte méritent d'être étudiés avec soin et défendus contre toute illégitime atteinte, ceux des indigènes ne doivent pas être moins protégés.

Nous estimons même qu'à raison de la difficulté, de l'impossibilité où ils se trouvent de faire connaître leurs sentiments et d'exprimer leurs doléances, les intérêts de ces indigènes demandent à être l'objet d'une bienveillance, d'une sollicitude toutes particulières, et ce n'est certainement pas en vain que nous nous adressons en leur faveur à l'esprit de justice de la Commission des concessions. Il n'est pas douteux pour nous que le régime des concessions, s'il devait comporter le monopole du commerce, serait à leur égard un régime de spoliation plus ou moins violente, spoliation en ce qui concerne la propriété du sol, spoliation en ce qui concerne la libre disposition de leurs cultures ou des produits spontanés recueillis par eux.

Or, il ne faut pas connaître les indigènes de nos colonies de l'Afrique Occidentale pour supposer qu'ils se soumettront autrement que par la force à un état de choses aussi contraire à leurs intérêts, à leurs traditions, et aussi incompatible avec le degré de civilisation qu'ils ont atteint. Nous n'avons pas affaire dans nos colonies à des hordes sauvages comme il en existe dans d'autres parties de l'Afrique. Nous avons dit plus haut que nos sujets de l'Afrique Occidentale sont pour la plus grande partie des musulmans possédant un certain degré de civilisation, et qu'une longue fréquentation avec les Européens, sous le régime de la liberté commerciale la plus large, a familiarisés avec la valeur exacte des marchandises et des produits, et qui, de plus, ont à la base de leur système social le respect, nous pourrions dire le culte, de la propriété immobilière.

Le régime foncier dans ces pays existe au même titre qu'en Europe, et y a subsisté, malgré les guerres de conquête et les changements de maîtres. En outre, il n'est rien qui soit plus antipathique à l'esprit des indigènes, chefs ou simples sujets, que de se voir discuter, et à plus forte raison de se voir enlever, la propriété du sol sur lequel ils résident. Nous n'en voulons pour preuve que ce fait bien connu : c'est que partout où les Européens se trouvent en contact direct avec les indigènes, ils n'ont jamais pu de bon gré obtenir des cessions territoriales. Ils peuvent assez facilement se faire céder des terrains à bail pour des époques de longue durée ; quant à des ventes, des cessions définitives, c'est peine perdue.

Seuls les Gouvernements ont pu, par la force ou par le prestige de leur autorité, obtenir de pareilles cessions, et, dans la plupart des cas, moyennant des redevances élevées.

A ce propos, il convient de signaler que ce droit de propriété a été formellement reconnu aux indigènes dans la plupart des traités passés entre la France et les chefs des pays qui se sont volontairement soumis à notre domination, comme par exemple ceux du Foutah-Djallon, et, si nous citons ce pays, c'est que nous apprenons qu'il se trouve en partie compris dans les demandes de concessions qui nous occupent. Or, le traité du 5 juillet 1881, par lequel les almamys du Foutah-Djallon ont accepté le protectorat de la France, indique très nettement, dans son préambule et dans quelques-uns de ses articles, que les lois, les mœurs, les coutumes et la religion du pays seront respectés par le Gouvernement français et par les citoyens français qui s'établiront dans cet Etat.

Est-il admissible que dans les régions où règne ce sentiment très vif de la propriété du sol, on puisse, de propos délibéré et au mépris d'engagements solennels, ravir aux indigènes leurs droits de propriété ?

Peut-on davantage soumettre ces indigènes à l'exploitation

irréfrénée, à la servitude économique dont ils sont menacés ? Car c'est bien une forme déguisée d'esclavage que le droit exclusif que voudront s'arroger les concessionnaires d'acheter aux indigènes établis sur leurs concessions, et aux conditions qu'il leur plaira de leur imposer, les produits naturels du sol ou les récoltes que leur travail aura fait sortir des entrailles de la terre.

Nous avons la conviction que les indigènes n'accepteront pas sans résistance cette dépossession et cette servitude. Ils se révolteront ou ils émigront vers les colonies étrangères voisines. Ceux d'entre eux qui ne pourront ni résister ni fuir perdront, en même temps que le bénéfice de leurs efforts, le principal mobile qui les pousse à travailler ; ils se contenteront de produire strictement les denrées nécessaires à leur subsistance, et c'est ainsi que les résultats bienfaisants de la libre concurrence, avec les besoins créés par elle, disparaîtront peu à peu, pour faire place à la primitive insouciance et à la primitive misère de ces populations.

Ce n'est certainement pas là le but que doivent poursuivre les hommes qui ont charge des destinées de nos colonies. Telle ne peut pas être notamment l'opinion de l'honorable Ministre des Colonies, qui, dans une occasion récente, en présence de l'élite du monde colonial de notre pays, prononçait les paroles suivantes :

« Nous avons les plus grands devoirs à remplir vis-à-vis de ces
« races que nous avons domptées et soumises, et je n'hésite pas à
« dire que des sentiments qu'elles nourriront envers leurs nou-
« veaux maîtres dépendra l'avenir et la prospérité de nos colonies
« elles-mêmes.

« Il faut sans doute qu'elles sentent avant tout que nous sommes
« les maîtres, et pour toujours, et qu'à tenter d'inutiles révoltes,
« elles s'exposeraient aux plus rudes châtiments. Mais il faut en
« même temps, et surtout peut-être, leur faire sentir avec le res-
« pect de notre force et de l'inéluctable destinée, le sentiment
« de notre justice et de notre affection.

« *Il faut que ces innombrables indigènes de races, de religions,*
« *de milieux si divers, comprennent qu'ils sont, sous la domination*
« *nouvelle, en sécurité dans leurs biens, dans leur liberté, dans*
« *leur vie, et même, j'oserai dire, dans leur dignité d'hommes.* »

Nous nous associons de tout cœur à ces généreuses paroles, et nous avons la conviction qu'elles trouveront leur écho au sein de la commission qui aura à statuer sur les biens, sur la vie, sur la liberté et la dignité de nos sujets indigènes de l'Afrique Occidentale, surtout si l'on tient compte que c'est parmi ces populations que nous avons trouvé les admirables troupes auxiliaires qui ont si largement contribué à la conquête du domaine colonial que la France possède aujourd'hui en Afrique. Ce serait réserver une singulière récompense à ceux de ces valeureux soldats indigènes qui auront survécu aux fatigantes campagnes africaines que de les laisser traiter en vils mercenaires ou en esclaves le jour où ils rentreront dans leurs foyers sur les territoires où se seront établis les concessionnaires privilégiés.

Nous ne pouvons pas admettre un seul instant qu'un pareil cas puisse se présenter, et c'est une raison de plus pour nous de déclarer que ce régime de concessions est incompatible avec le bien-être, avec les progrès matériels et moraux de nos indigènes, et avec les responsabilités que nous avons assumées en les soumettant à notre domination.

Si le commerce indépendant qui se développe si heureusement sous le régime de la libre concurrence est appelé à péricliter sous le régime des concessions privilégiées ; si, sous ce même régime, les populations indigènes ne peuvent qu'être incitées à la révolte, à l'émigration, ou condamnées à la misère, il est non moins certain que les colonies elles-mêmes, considérées comme des organismes vivants, susceptibles de progrès et de décadence, sont menacées dans leurs intérêts les plus vitaux.

Intérêts financiers et économiques des Colonies.

Nous avons déjà dit plus haut que nos colonies de l'Afrique Occidentale offrent ce rare exemple qu'elles vivent par leurs propres ressources, sans rien demander à la Métropole ; que, non seulement elles vivent, mais qu'elles sont en mesure de préparer l'exécution de travaux publics de grande envergure. Ce grand effort financier n'a pu être réalisé que grâce à la richesse qui a été créée dans le

pays. Cette richesse elle-même n'a pu être créée que par les effets de la libre concurrence dont le résultat immédiat a été de faire obtenir aux indigènes producteurs les plus hauts prix pour le produit de leur travail, et aux indigènes consommateurs les prix les plus modérés pour les objets destinés à leur consommation.

Les indigènes ont su apprécier les avantages de cette situation, et ils se livrent avec d'autant plus d'ardeur aux diverses occupations d'où dérive leur bien-être : cultivateurs, traitants, porteurs, artisans et ouvriers, tous ont trouvé intérêt et bénéfice à travailler et ils ont pu allègrement supporter les charges relativement élevées qui leur ont été imposées, soit sous forme d'impôt direct de capitation, soit sous forme de droits de douane.

C'est ainsi que les prévisions de recettes de la Guinée française, par exemple, pour l'exercice 1899, se sont élevées à la somme de 1.500.000 fr., chiffre relativement considérable, qui cependant s'est trouvé dépassé en fin d'exercice.

Mais, que vienne à changer l'état de choses actuel, et qu'au régime florissant de la libre concurrence se substitue le régime des monopoles, la situation deviendra tout autre, et c'est un tableau bien différent qui s'offrira à nos yeux.

Lorsque sous ce régime malfaisant l'indigène recevra un salaire dérisoire de son travail, un prix ridiculement modique pour les produits qu'il voudra vendre, alors qu'au contraire on exigera un prix très élevé des marchandises qu'il demandera en échange, l'on doit s'attendre à voir faiblir immédiatement la production et la consommation, et à voir baisser dans les mêmes proportions les recettes fiscales, dont l'importance est étroitement liée aux fluctuations du mouvement commercial.

La première conséquence de cet état de choses si peu satisfaisant sera de faire ajourner indéfiniment les travaux publics, et peut-être d'obliger la Métropole à venir en aide à quelques-unes de ces colonies pour couvrir leurs dépenses d'administration. Et, en admettant que, par impossible, les recettes se maintiennent à peu de chose près au niveau actuel, peut-on admettre que les colonies s'imposeront plus longtemps des charges excessives pour poursuivre la construction des chemins de fer projetés, si ces chemins de fer, produit du travail de tout un peuple, et dont aucun ne coûtera moins de 40 à 50 millions, ne doivent servir, une fois achevés, qu'aux transports de quelques sociétés privilégiées qui n'auront pas dépensé un centime pour leur construction !

Nous ne pouvons pas, à propos des intérêts collectifs que représente chacune de ces colonies, omettre de faire mention de la situation particulièrement intéressante de la Côte-d'Ivoire. Cette colonie s'est vue, il y a peu de temps, dans l'obligation de payer en France une indemnité de deux millions de francs pour le retrait d'une concession forestière qui avait été accordée sur son territoire, concession qui, après examen, a été avec raison reconnue comme devant avoir les conséquences les plus détestables pour la prospérité de la colonie.

Celle-ci n'avait été d'ailleurs consultée ni sur l'octroi de la concession, ni sur le chiffre d'indemnité de résiliation. Peu importe, elle a dû s'exécuter.

Serait-il juste, après qu'elle a subi cet énorme sacrifice immérité, qui obèrera ses finances pendant de longues années, qu'on lui infligeât une fois encore, sous une forme à peine différente, la même calamité ?

N'a-t-elle pas payé assez cher la rançon de sa liberté commerciale ? Nous croyons inutile de nous appesantir sur ce cas si particulier et à la fois si significatif !

Pour toutes les raisons énumérées ci-dessus, pour bien d'autres encore, l'intérêt bien compris des colonies s'oppose à ces concessions, et les hommes qui, par la nature de leurs fonctions, sont les mieux à même de juger impartialement de la question n'ont pas hésité à se prononcer énergiquement en faveur du commerce libre et contre le régime des concessions. Nous voulons parler des gouverneurs coloniaux, des hommes qui, comme le gouverneur général Chaudié, le gouverneur Ballay, le gouverneur Ballot, résident depuis de longues années dans ces colonies, qui mieux que personne en connaissent les besoins, les ressources et les aspirations, et peuvent discerner les éléments certains de leurs progrès comme aussi les causes possibles de leur décadence. Eh bien ! ces administrateurs désintéressés et tout particulièrement compétents sont unanimes à réprouver le régime des concessions, et cette seule considération devrait décider la commission des concessions à renoncer à l'application de cet inutile expédient dans nos colonies de l'Afrique Occidentale.

Considérations générales.

Nous prétendons enfin qu'en dehors des raisons qui précèdent, et qui, pour la plupart, ne s'inspirent que d'intérêts commerciaux, économiques et financiers, il y a un intérêt général d'ordre moral qui doit s'opposer à la prise en considération des demandes de concessions qui vous sont adressées.

Nous pensons que, dans un régime démocratique comme le nôtre, l'ère des monopoles, surtout de monopoles aussi injustifiés, est définitivement close, et qu'il serait imprudent et impolitique de les faire revivre.

D'autre part, tous les hommes qui, en France, s'occupent avec attention de l'avenir de notre pays sont unanimes à déclarer que nous devons faire preuve d'initiative indépendante et qu'il faut encourager ceux qui ne craignent pas de prendre part à la bataille économique qui se livre sur tous les marchés du monde.

Est-ce agir selon ces vues si raisonnables que de paralyser dans leur activité précisément les commerçants qui, dans notre pays, nous pouvons le dire hardiment, ont fait, au point de vue colonial, les plus grands efforts, qui, sans secours, sans subvention, ont réussi à donner à notre commerce national en Afrique un développement qu'on ne rencontre dans aucune autre de nos colonies ?

Nulle part, non plus, nos gouverneurs et nos négociants n'ont imité d'aussi près et avec un aussi grand succès les procédés pratiques, les traditions libérales de l'Angleterre en fait d'administration et d'exploitation coloniales (1).

Faut-il abandonner ces principes féconds pour revenir aux
méthodes décrépites, stérilisantes, qui, plus que toute autre cause,
ont ruiné la puissance coloniale de l'Espagne ? Nous croyons inutile d'insister.

Dans les considérations qui précèdent, nous avons pris pour
point de départ de notre raisonnement que les concessions dont
il s'agit comporteraient l'attribution aux concessionnaires d'un
monopole commercial, direct ou indirect. Ce monopole ne sera
sans doute pas officiel, les cahiers des charges n'en feront pas
mention, mais il se peut néanmoins (et c'est là un véritable
danger) que ce monopole résulte implicitement des clauses de
ces cahiers des charges, soit que l'on attribue aux concessionnaires l'entière propriété du sol, contrairement aux droits des
indigènes, soit que l'on considère comme leur appartenant les
produits spontanés du sol, soit enfin que des restrictions soient
apportées à la libre circulation des indigènes établis sur les concessions ou au libre échange des denrées dont ils pourront
disposer.

A vrai dire, nous avons la conviction que le Ministre des
Colonies ne permettra pas que les concessions puissent revêtir ce
caractère de monopole et que les concessionnaires soient autorisés
à dépouiller les indigènes de leurs droits, soit comme propriétaires
du sol, soit comme producteurs, soit comme transporteurs ou
commerçants.

Nous voulons donc admettre que la liberté du commerce sera
suffisamment sauvegardée et respectée.

Mais, dans ce cas, nous avons quelques raisons de prétendre que

Examen des con
cessions accordées
sans monopole com
mercial.

---

(1) Les événements qui se déroulent actuellement dans l'Afrique du Sud sont
une démonstration tristement éloquente des conséquences néfastes que peut
entraîner l'abandon des principes d'élémentaire justice et du respect du droit
des gens.

les concessions qu'il s'agit de donner ne pourront avoir aux mains des concessionnaires qu'une valeur tout à fait relative, et qu'elles leur réserveront de grandes déceptions.

Au point de vue de l'exploitation directe des produits spontanés du sol, ils se trouveront en concurrence avec les indigènes qui continueront, comme par le passé, à récolter pour leur propre compte ces produits dans la limite cependant où l'administration supérieure leur permettra de se mouvoir dans l'intérêt général et avec l'assentiment des chefs.

Aussi bien pour ces produits naturels que pour les récoltes fournies par la main-d'œuvre indigène et destinées à l'exportation, les concessionnaires se trouveront, sur le terrain commercial, en concurrence directe avec les trafiquants indigènes qui, nous le répétons, ne craignent ni le temps, ni les distances, et qui se rencontrent sur tous les marchés de l'intérieur de l'Afrique partout où il y a la moindre chance du gain le plus minime.

Enfin, au fur et à mesure que s'amélioreront les transports par terre et, dans certains cas, les transports par eau, les concessionnaires se trouveront directement en concurrence avec les commerçants européens, qui, comme nous l'avons dit plus haut, maintenant que la pacification est achevée, n'attendent que la possibilité matérielle de s'avancer dans l'Intérieur pour y expédier leur personnel et leurs marchandises.

Ces diverses concurrences, auxquelles sous le régime de la liberté commerciale il sera impossible aux concessionnaires de se soustraire, représentent de sérieux aléas, d'autant plus que ces concurrents sont mieux préparés, plus expérimentés, et que les capitaux ne leur feront pas défaut.

Si tout cela est exact, quelle valeur exceptionnelle, quels avantages spéciaux peuvent bien présenter les grandes concessions demandées ? Et quelles sont les raisons qui peuvent provoquer et justifier l'engouement des capitaux pour ces sortes d'entreprises ?

Nous soulevons ici une question bien délicate, mais qu'il nous est difficile de passer entièrement sous silence.

Il est évident que ces capitaux, qu'aveugle le mot magique de « concessions », escomptent avec une confiance irréfléchie la prompte réalisation de gains aussi faciles qu'abondants, et une réédition des fructueuses opérations qu'ont pu réaliser quelques Sociétés du Congo belge fondées sur le principe d'un monopole commercial absolu. Ce monopole n'existant pas et ne pouvant pas exister dans le cas qui nous occupe, ces bénéfices si alléchants seront en fait des plus douteux pour ne pas dire imaginaires ; aussi croyons-nous de notre devoir de répéter ici qu'à notre avis, de très grands mécomptes attendent, soit les promoteurs mêmes de ces affaires, soit ceux qui, sous l'empire de fâcheuses illusions, consentiraient à risquer leurs capitaux dans ces affaires si difficiles.

Ces mécomptes, ces désillusions, jetteront certainement une très grande défaveur sur nos affaires coloniales, et, de plus, elles pourront avoir, au point de vue politique, une répercussion pénible, car le public, qui confond facilement les choses et ne se rend pas bien compte des responsabilités en présence, sera tenté, très injustement d'ailleurs, de faire retomber sur le Gouvernement et ses représentants des erreurs d'appréciation qui, en bonne justice, ne pourront être imputées qu'à quelques personnalités mal conseillées ou insuffisamment renseignées.

Nous prévoyons que l'on nous dira avec quelque amertume que notre argumentation est tout à fait négative et que, si elle est adoptée, elle aura pour conséquence d'écarter des affaires coloniales bien des capitaux et bien des bonnes volontés, alors qu'il convient de tirer parti de ces forces vives dans l'intérêt de nos entreprises coloniales.

A cela nous répondrons que rien n'empêche ces capitaux de s'employer très utilement en concurrence ou en collaboration avec ceux qui existent déjà.

Nous avons indiqué plus haut le vif essor, le magnifique développement qu'ont pris depuis peu les affaires commerciales dans nos colonies de l'Afrique occidentale.

Ce développement ne s'arrêtera certainement pas là, si des

mesures restrictives ne viennent pas facticement l'entraver, et il y aura de plus en plus de la place pour de nouveaux capitaux et pour les intelligences qui, en France, sont disposés à s'intéresser aux affaires coloniales.

On peut même prévoir que, dans ce cas et par le jeu naturel des choses, des maisons françaises remplaceront peu à peu les maisons étrangères établies dans nos colonies.

Nous avons remarqué, en effet, que, en ce qui concerne tout au moins l'Afrique occidentale, les maisons étrangères cèdent assez facilement le pas aux maisons françaises lorsque celles-ci sont habilement dirigées, disposent de capitaux suffisants, et cela par le seul fait que dans nos colonies les Français sont plus à l'aise que les étrangers et s'y accommodent mieux des usages commerciaux et du régime administratif qui y ont été importés.

Nous n'affirmons pas que les capitaux ainsi employés rapporteront d'aussi gros dividendes que ceux que l'on attend, à tort ou à raison, de l'exploitation de concessions privilégiées. Mais leur rémunération sera certainement, dans la plupart des cas, bien supérieure à celles qu'offrent les fonds d'Etat et les obligations de Villes et de Chemins de fer qui absorbent la plus grande partie de l'épargne française.

D'autre part, ces capitaux et ces bonnes volontés pourront prendre une large part dans les entreprises de travaux publics dont nos colonies ont le plus vif et le plus urgent besoin.

Nous sommes persuadés que des Sociétés à grands capitaux qui étudieraient sérieusement cette question de travaux publics, de chemins de fer, de ports, etc..., pourraient trouver dans cette direction un emploi fructueux de leurs fonds et la récompense méritée de leur initiative, tout en s'attirant la reconnaissance de tous ceux qui ont des intérêts en Afrique : Gouvernement, Administration locale, commerçants européens, commerçants et producteurs indigènes.

Enfin, et en dernier lieu, si nous nous opposons de toutes nos forces au système des grandes concessions qui ne visent au fond que le monopole de l'exploitation commerciale dans les pays concédés, nous ne pouvons qu'être favorable aux concessions d'étendue limitée qui seront données pour des entreprises agricoles tentées de bonne foi ; ces sortes d'entreprises nous paraissent mériter les plus grands encouragements, et, s'il était possible de trouver une forme pratique et rationnelle de subvention pendant une certaine période d'essai, nous serions les premiers à recommander d'en faire usage.

Ces encouragements nous paraissent désirables, parce que nous savons par notre propre expérience que ces entreprises de cultures offrent des difficultés très grandes en Afrique et qu'un bien petit nombre d'entre elles sont destinées à réussir aussi longtemps que nous manquerons d'hommes expérimentés connaissant à fond les cultures tropicales, et aussi longtemps que le recrutement de la main-d'œuvre indigène restera aussi difficile, aussi incertain, qu'il l'est aujourd'hui et qu'il l'a toujours été depuis que l'esclavage a pris fin dans nos colonies.

On voit, par ce qui précède, que des capitaux très importants peuvent encore être utilisés en Afrique et contribuer au développement de notre grande colonie de l'Afrique Occidentale que nous considérons comme appelée au plus grand avenir.

Nous dirons même que, si elle est administrée sagement, prudemment et avec esprit de suite, cette colonie doit, avant longtemps, devenir une des plus riches, une des plus prospères de toutes celles que possèdent les grandes nations coloniales, grâce aux avantages naturels qu'elle possède, sa proximité de la Métropole, l'immense variété de ces productions qui comprennent à peu près tout ce que peuvent fournir les tropiques, l'excellente qualité des éléments ethniques qui la peuplent, et enfin la facilité avec laquelle, le cas échéant, elle pourrait être défendue contre toute agression.

Ce brillant avenir, ce développement illimité que nous prévoyons ne peut être, à notre avis réalisé, que par une politique véritablement progressive, libérale et humanitaire, et, pour résumer sur ce point toute notre pensée, toutes nos espérances, nous nous permettons d'indiquer ci-après quelles sont les conditions qui nous paraissent indispensables pour assurer d'une façon définitive

Conclusions.

et à brève échéance la prospérité de nos grandes colonies de l'Afrique Occidentale :

1° Il faut qu'avant tout elles soient dotées d'une administration qui, du haut au bas de l'échelle, soit prudente, pacifique, bienveillante, auprès de laquelle tous les intérêts en présence puissent trouver une impartiale justice ;

2° Il faut qu'à l'instar de ce que font depuis quelque temps l'Angleterre et l'Allemagne, le Gouvernement fasse procéder à des études approfondies sur les causes premières des maladies tropicales et sur les mesures à prendre pour rendre le séjour en Afrique moins dangereux aux Européens qui sont appelés à y vivre ;

3° Il faut instruire les indigènes, les encourager au travail et leur enseigner, leur imposer même, les règles de l'hygiène devant avoir pour effet de diminuer la mortalité toujours si grande parmi ces populations ;

4° Il faut étudier sans retard et entreprendre dans le plus bref délai possible, dans toute l'étendue de ces vastes colonies, la construction de chemins de fer, puisqu'il est reconnu que c'est le seul moyen de transport qui puisse dans cette partie de l'Afrique donner des résultats pratiques et certains ;

5° Il faut maintenir un régime fiscal et douanier aussi léger, aussi équitable que possible et éviter avec soin de renchérir artificiellement les articles de consommation destinés aux populations si pauvres auxquelles nous avons affaire (exception faite pour les denrées qui ne peuvent que leur être nuisibles, l'alcool notamment);

6° Et enfin il faut maintenir partout et résolument le principe de la liberté commerciale, qui seule peut exciter l'exprit d'initiative, développer toutes les énergies, encourager la production, favoriser nos débouchés industriels et amener rapidement l'exploitation générale et complète de toutes les richesses de nos colonies africaines.

Telles sont, Monsieur le Président, les conclusions de l'étude que vous nous avez demandé de vous soumettre.

Nous désirons ardemment qu'elles obtiennent l'approbation de la Commission que vous présidez, et que le régime des grandes concessions dont nous avons cherché à démontrer les inconvénients et l'inutilité pratique soit par elle reconnu et déclaré inapplicable à nos colonies de l'Afrique Occidentale.

Veuillez agréer, Monsieur le Président, l'assurance de notre considération la plus distinguée.

Cⁱᵉ FRANÇAISE DE L'AFRIQUE OCCIDENTALE :

L'Administrateur-Directeur,

Signé : **F. BOHN.**

LISTE DES PRINCIPALES MAISONS FRANÇAISES

établies dans les Colonies françaises, du Sénégal au Dahomey inclus

Raison sociale :	Siège social :	Colonies :
Maurel et H. Prom............	Bordeaux	Sénégal.
Maurel Frères...............	»	Sénégal.
Buhan père et fils et Teissère..	»	Sénégal.
P. Buhan et Cⁱᵉ..............	»	Sénégal.
Devès et G. Chaumet.........	»	Sénégal.
Delmas et Clastres...........	»	Sénégal.
Assemat frères et Cⁱᵉ.........	»	Sénégal, Guinée française.
Philippart et Cⁱᵉ.............	»	Sénégal, Guinée française et Côte d'Ivoire.
Ch. Peyrissac et Cⁱᵉ..........	»	Sénégal.
Rabaud et Cⁱᵒ...............	»	Sénégal.
E. Chavanel................	»	Sénégal, Guinée française.
L. Vezia...................	»	Sénégal.
C. Maurel..................	»	Sénégal, Guinée française.
Compⁱᵉ Française de l'Afrique Occidentale...............	Marseille	Sénégal, Guinée française et Côte d'Ivoire.
Mante frères et Borelli.......	»	Dahomey.
Cyprien Fabre et Cⁱᵉ.........	»	Dahomey.
Layet de Gastaud et Cⁱᵉ.......	»	Dahomey.
Comptoir Colonial Français...	Paris	Sénégal, Guinée française.
Cⁱᵉ Coloniale d'Exportation....	»	Guinée française.
Compagnie Française du Commerce Africain.............	»	Guinée française.
Compagnie Coloniale de la Côte de Guinée................	»	Côte d'Ivoire.
Compagnie Française de Kong	»	Côte d'Ivoire.
Bouéry et Tribolet...........	»	Guinée française.
Société Commerciale du Haut-Niger	Lille	Guinée française.
Torrilhon et Cⁱᵒ.............	Clermont-Ferrand	Guinée française.

9 782019 934002